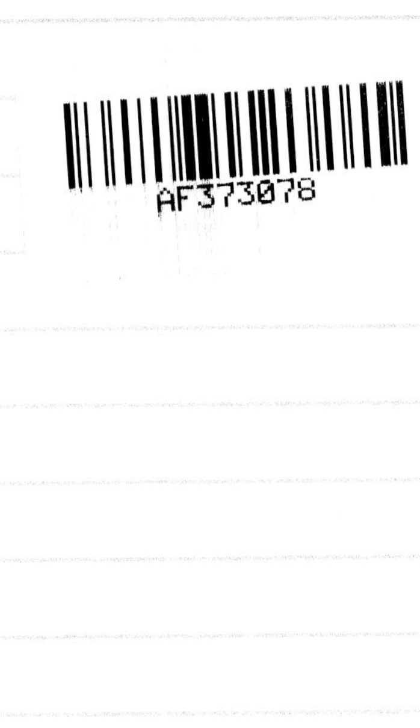
AF373078

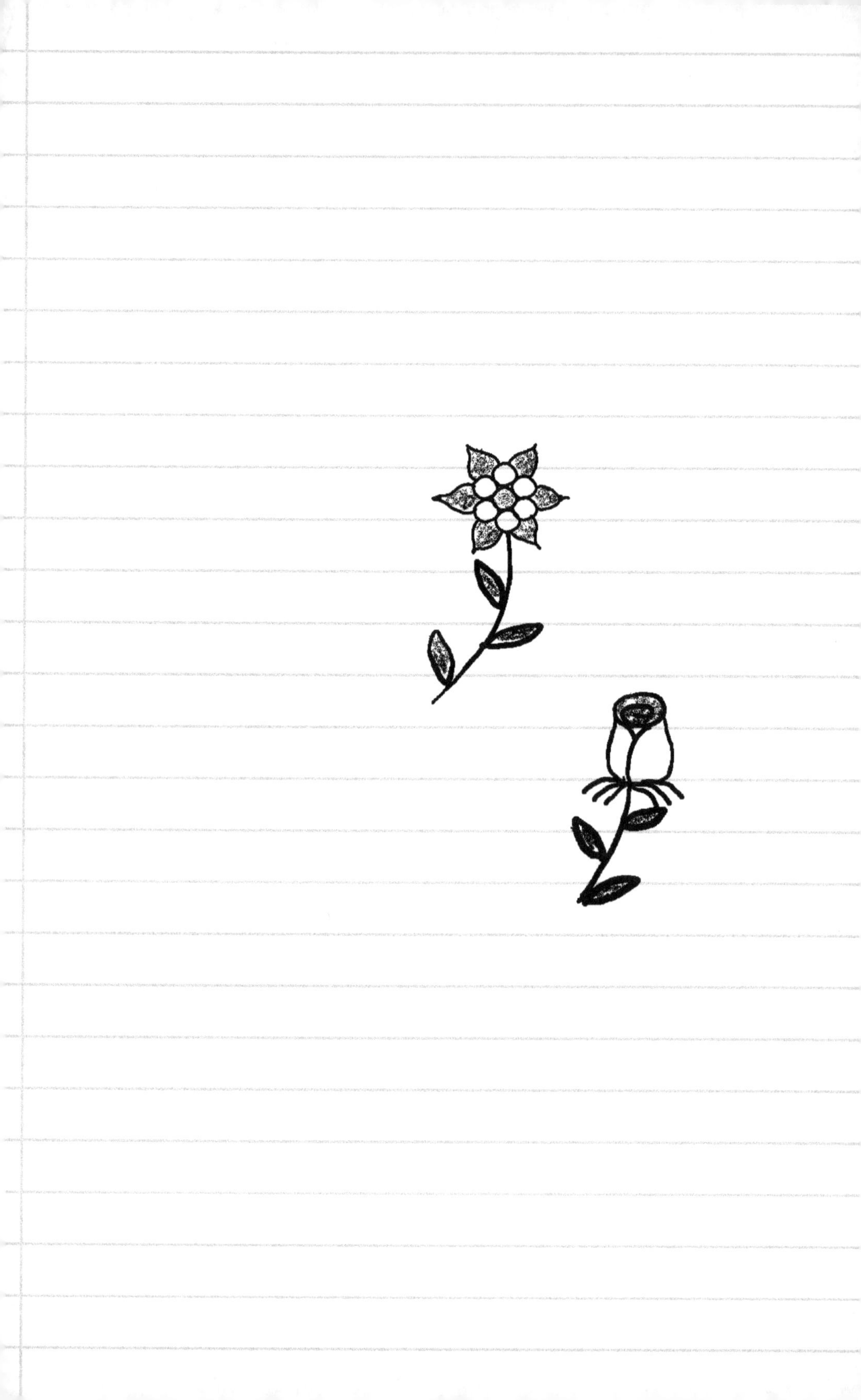

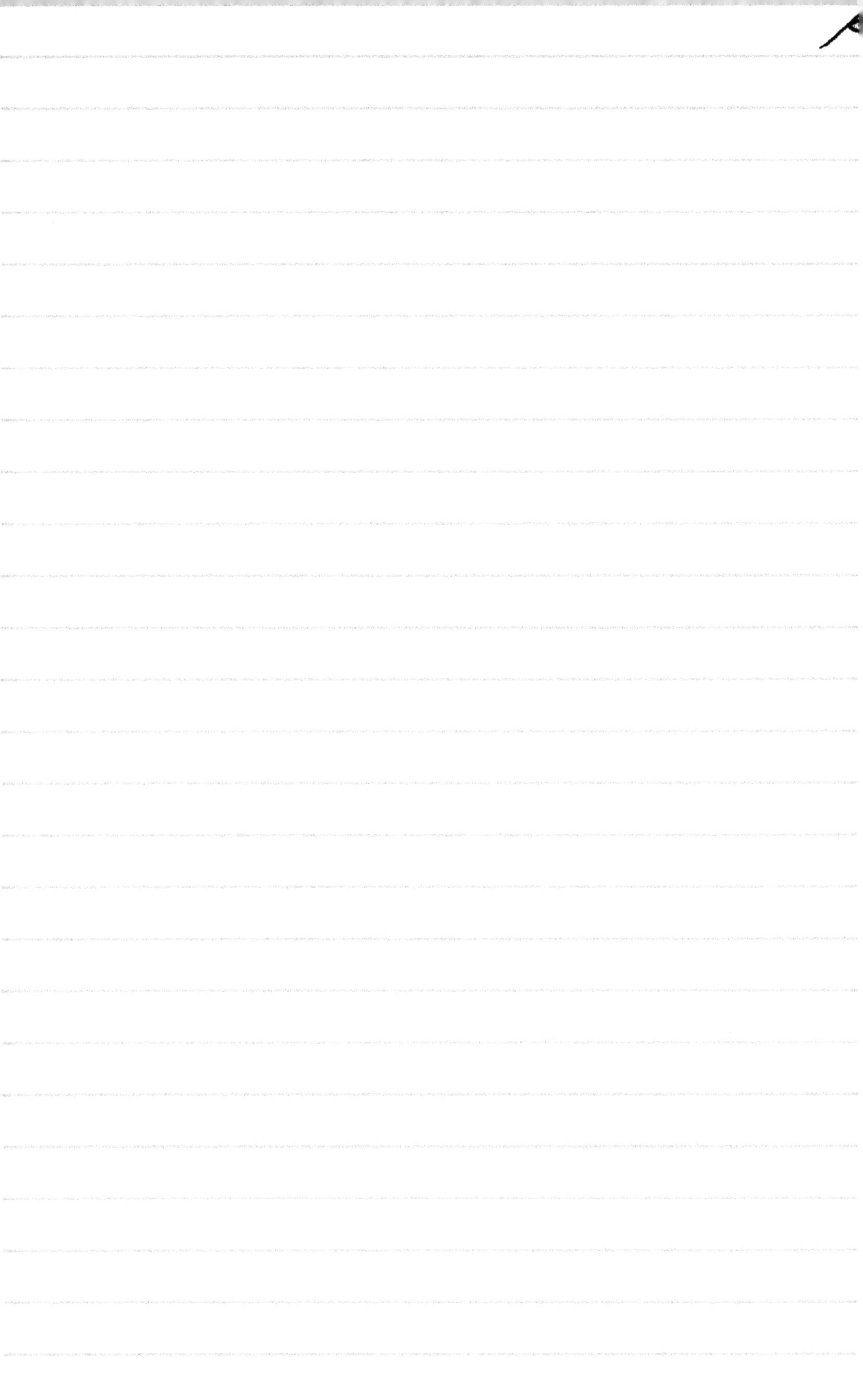

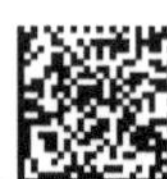

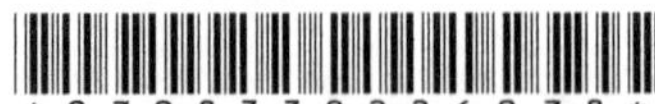